{ COLEÇÃO MONTAR E APRENDER }

# 3, 2, 1 Partiu ESPAÇO!

GIRASSOL

# O Sistema Solar

Nosso Sistema Solar é composto pelo Sol, planetas, luas, cometas e asteroides. São oito planetas que se movem em volta do Sol. Os planetas internos Mercúrio, Vênus, Terra e Marte estão mais próximos do Sol; enquanto os gigantes gasosos, Júpiter e Saturno, e os gigantes gelados, Urano e Netuno, ficam mais distantes.

## Fatos sobre o Sistema Solar

1. Saturno é famoso por seus anéis. Feitos de gelo e rocha, os anéis têm 282 mil quilômetros de largura.

2. Vênus é o planeta mais quente do Sistema Solar. Sua espessa atmosfera retém o calor sob as nuvens.

3. Júpiter é o maior planeta do Sistema Solar. É tão grande que dentro dele caberiam mais de 1.300 planetas Terra.

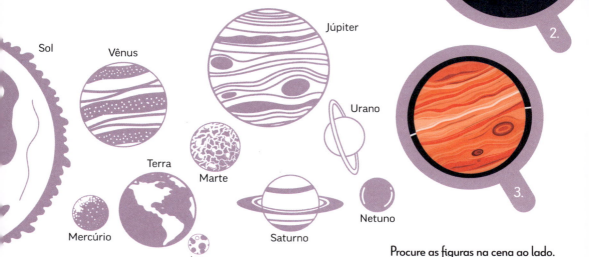

Procure as figuras na cena ao lado.

# O Primeiro Homem no Espaço

Em 1961, o cosmonauta russo Yuri Gagarin se tornou o primeiro homem a viajar para o espaço. O voo durou 1 hora e 48 minutos enquanto orbitava a Terra na *Vostok 1*. Gagarin foi celebrado como um herói, e monumentos em sua homenagem foram erguidos em toda a União Soviética.

## Fatos sobre a Vostok I

1. A espaçonave *Vostok I* voava automaticamente e podia ser controlada do solo por rádio.

2. Gagarin se sentava dentro da esfera metálica da *Vostok I* com um rádio e uma câmera de TV para registrar sua jornada.

3. A *Vostok I* tinha tubos cheios de oxigênio e nitrogênio para que Gagarin pudesse respirar dentro da esfera.

**VOSTOK 1**
A *Vostok I* era uma esfera metálica com 2,3 metros de largura conectada a uma cápsula em forma de cone onde ficava todo o equipamento da missão. Só a esfera voltou para a Terra.

Procure as figuras na cena ao lado.

# Missão na Lua

O programa Apollo, da NASA, foi o primeiro a pousar humanos na Lua com sucesso. Os astronautas Neil Armstrong e Buzz Aldrin foram os primeiros a caminhar na Lua em 20 de julho de 1969. Ao dar o primeiro passo, Armstrong disse: "Um pequeno passo para um homem, um grande salto para a humanidade".

## Fatos sobre a Lua

1. Armstrong e Aldrin andaram cerca de 60 metros para visitar uma cratera. Eles coletaram dados e amostras de rochas.

2. Os astronautas colocaram uma bandeira estadunidense na superfície da Lua para comemorar sua conquista.

3. O astronauta Michael Collins permaneceu em órbita ao redor da Lua pilotando o módulo de comando *Colúmbia*.

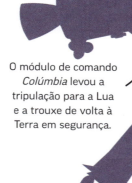

O módulo de comando *Colúmbia* levou a tripulação para a Lua e a trouxe de volta à Terra em segurança.

O foguete *Saturno V* levou a espaçonave para o espaço.

Apenas o módulo lunar *Eagle* pousou na Lua.

Procure as figuras na cena ao lado.

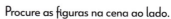

# O Sol

O Sol é uma estrela imensa localizada no centro do nosso Sistema Solar. Embora esteja a aproximadamente 150 milhões de quilômetros da Terra, a vida não poderia existir sem a energia do Sol. Pode levar de 10 mil a 170 mil anos para que a energia viaje do núcleo do Sol até sua superfície. O Sol é cerca de 100 vezes mais largo que a Terra – dentro dele caberiam 1,3 milhões de planetas Terra!

## Fatos sobre o Sol

 1. Mercúrio é o planeta mais próximo do Sol e o menor planeta do nosso Sistema Solar.

 2. O Sol libera vento solar – um fluxo constante de partículas chamado "plasma" – que viaja de sua superfície para o espaço.

 3. O escudo magnético – a magnetosfera – que existe ao redor da Terra protege nossa atmosfera do vento solar e da radiação, bem como dos raios cósmicos do espaço profundo.

**O SOL**
Tamanho (diâmetro):
1,4 milhões de km
Temperatura média: 5.500°C

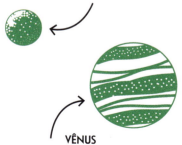

**MERCÚRIO**
Tamanho (diâmetro): 4.879 km
Temperatura média: 167°C

**VÊNUS**
Tamanho (diâmetro): 12.100 km
Temperatura média: 464°C

Procure as figuras na cena ao lado.

8

# Ônibus Espacial

Depois das missões Apollo, a NASA desenvolveu novos programas de exploração espacial. Os ônibus espaciais eram um novo tipo de espaçonave, semelhante a um avião, que poderia ser usado continuamente. Os ônibus espaciais não estão mais em uso, mas, por mais de 30 anos, eles completaram 135 missões e levaram 355 astronautas ao espaço.

## Fatos sobre os Ônibus Espaciais

1. Os ônibus espaciais foram usados para transportar itens para a construção da Estação Espacial Internacional (ISS, na sigla em inglês). Grande parte dela foi montada em órbita.

2. O ônibus espacial, ou orbitador, podia transportar equipamentos e até sete pessoas a bordo.

3. O tanque de combustível externo podia queimar depois que o foguete era lançado.

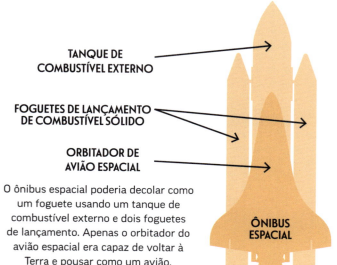

**TANQUE DE COMBUSTÍVEL EXTERNO**

**FOGUETES DE LANÇAMENTO DE COMBUSTÍVEL SÓLIDO**

**ORBITADOR DE AVIÃO ESPACIAL**

**ÔNIBUS ESPACIAL**

O ônibus espacial poderia decolar como um foguete usando um tanque de combustível externo e dois foguetes de lançamento. Apenas o orbitador do avião espacial era capaz de voltar à Terra e pousar como um avião.

Procure as figuras na cena ao lado.

# A ISS

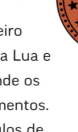

A Estação Espacial Internacional (ISS) é o terceiro objeto mais brilhante no céu noturno, depois da Lua e do planeta Vênus. É um laboratório espacial onde os astronautas fazem pesquisas e testam equipamentos. Quando a ISS for aposentada, três novos módulos de propriedade privada irão substituí-la.

## Fatos sobre a Estação Espacial

 A ISS é um laboratório científico para experimentos e pesquisas espaciais.

 Os astronautas que vivem na estação espacial não se sentam para comer, eles flutuam.

 Os astronautas não podem tomar banho no espaço. Em vez disso, eles se lavam com uma toalha molhada, espremem sabonetes de saquinhos e usam xampu a seco no cabelo.

A Estação Espacial Internacional orbita a Terra 16 vezes por dia.

Procure as figuras na cena ao lado.

# Nossa Galáxia

Nossa galáxia, a Via Láctea, é uma imensa coleção de estrelas, gás e poeira e é uma das bilhões de galáxias existentes no Universo. Há pelo menos 100 bilhões de planetas na nossa galáxia e centenas de bilhões de estrelas. A Via Láctea tem mais de 100 mil anos-luz de diâmetro, e os cientistas estimam que ela tenha cerca de 13,6 bilhões de anos.

## Fatos sobre galáxias

1. Os antigos romanos chamavam nossa galáxia de "Via Láctea" porque, da Terra, ela parece leite derramado!

2. Há um buraco negro no centro da Via Láctea e sua gravidade (ou força) atrai qualquer coisa que esteja muito próxima. Ele está a aproximadamente 25 mil anos-luz da Terra.

3. Apesar de estar a cerca de 2,5 milhões de anos-luz de distância, a Galáxia de Andrômeda é uma das poucas galáxias que podem ser facilmente identificadas no céu noturno.

Nosso Sistema Solar está aproximadamente a meio caminho entre o centro da Via Láctea e sua borda externa.

Procure as figuras na cena ao lado.

# Vida em Marte?

Marte é o planeta mais hospitaleiro do Sistema Solar depois da Terra, embora ainda não seja possível viver lá. Há somente uma pequena quantidade de oxigênio, pouca gravidade e faz muito frio. Marte é conhecido como "Planeta Vermelho" porque sua superfície é coberta por uma poeira vermelha.

## Fatos sobre Marte

1. A viagem para Marte pode levar entre sete a nove meses em um foguete especialmente projetado.

2. O homem teria que encontrar maneiras de sobreviver em Marte: ar para respirar, formas de cultivar alimentos e de se manter aquecido.

3. O Monte Olimpo é um enorme vulcão de Marte. Ele é um dos maiores vulcões do Sistema Solar e é quase três vezes mais alto que o Monte Everest.

**MARTE**
Tamanho (diâmetro): 6.791 km
Temperatura média: -65°C

Procure as figuras na cena ao lado.

# Gigantes Gasosos

Júpiter e Saturno são conhecidos como gigantes gasosos porque são planetas enormes feitos de camadas de gás. Esses imensos planetas não têm uma superfície sólida como a Terra. Em vez disso, eles são formados principalmente pelos gases hidrogênio e hélio, que giram ao redor de um núcleo de detritos cósmicos feitos de gelo, rocha e metal.

## Fatos sobre os Gigantes Gasosos

1. Júpiter tem entre 80 e 92 luas. A maior delas é Ganimedes, que é maior que Mercúrio.

2. As rochas e o gelo nos imensos anéis de Saturno podem ter vindo de cometas, asteroides e luas fragmentados.

3. A enorme tempestade de Júpiter, conhecida como Grande Mancha Vermelha, vem ocorrendo em sua superfície há quase 400 anos.

Um dia em Júpiter dura apenas 10 horas terrestres. Um ano é o mesmo que 12 anos terrestres!

**SATURNO**
Tamanho (diâmetro): 116.500 km
Temperatura média: -140°C

**JÚPITER**
Tamanho (diâmetro): 142.984 km
Temperatura média: -110°C

Os anéis de Saturno são enormes, mas finos. Se esticados, poderiam ter quase a distância da Terra à Lua, mas eles têm menos de 91 km de espessura.

Procure as figuras na cena ao lado.

# Gigantes Gelados

Por estarem muito distantes do Sol, Urano e Netuno são planetas extremamente frios e compostos por uma espessa mistura de gases gelados e água, em torno de um pequeno núcleo rochoso. É por isso que frequentemente eles são chamados de Gigantes Gelados. Tanto Netuno quanto Urano são cerca de quatro vezes maiores que a Terra.

## Fatos sobre os Gigantes Gelados

1. A *Voyager 2* foi uma sonda lançada no espaço em 1977 para explorar os planetas externos do Sistema Solar. Atualmente ela viaja pelo espaço interestelar.

2. Netuno é um grande planeta com 14 luas. Cinco delas foram descobertas após a missão da *Voyager 2*.

3. Ao contrário de quaisquer outros planetas do Sistema Solar, Urano gira de lado. Seus 13 anéis são divididos em dois conjuntos: um interno escuro e o outro externo brilhante.

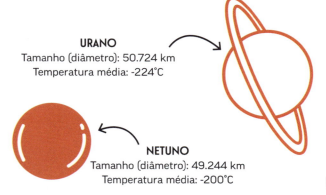

**URANO**
Tamanho (diâmetro): 50.724 km
Temperatura média: -224°C

**NETUNO**
Tamanho (diâmetro): 49.244 km
Temperatura média: -200°C

Procure as figuras na cena ao lado.

# Rochas Espaciais

Asteroides, meteoros e cometas são todos tipos de rochas espaciais. Asteroides são rochas enormes que sobraram desde a formação do nosso Sistema Solar há mais de 4 milhões de anos. Os cometas são semelhantes, mas eles têm um centro composto de gases congelados.

## Fatos sobre meteoros

1. Os asteroides viajam ao redor do Sol, como os planetas. Asteroides grandes, como um chamado Vesta, podem ter centenas de quilômetros de diâmetro.

2. Quando entram na atmosfera da Terra, os meteoroides se queimam, e a bola de fogo resultante é chamada de "meteoro". Frequentemente, os meteoros são chamados de "estrelas cadentes".

3. Podemos ver alguns cometas quando eles se dirigem para o Sol. Os gases gelados deles se evaporam com o calor, criando uma cauda de poeira e micropartículas.

CERES

Ceres é o maior asteroide do nosso Sistema Solar. Ele também é um planeta anão.

Procure as figuras na cena ao lado.

# Planetas Anões

Além de Urano e Netuno, existe um pequeno grupo de objetos chamados planetas anões. Os cinco planetas anões mais conhecidos do nosso Sistema Solar são Plutão, Eris, Ceres, Makemake e Haumea. Esses planetas anões são menores que a Lua, mas orbitam o Sol e têm a forma esférica.

## Fatos sobre os Planetas Anões

 Plutão é o maior planeta anão em nosso Sistema Solar e foi o primeiro a ser explorado por naves espaciais.

 Alguns planetas anões têm luas. Plutão tem cinco. A maior delas tem quase o mesmo tamanho de Plutão.

 A *New Horizons* foi a primeira nave espacial da NASA a chegar a Plutão. A sonda levou nove anos viajando 5,25 bilhões de quilômetros para estudar Plutão e suas luas.

**CERES**
Tamanho (diâmetro): 940 km

**ERIS**
Tamanho (diâmetro): 2.326 km

**HAUMEA**
Tamanho (diâmetro estimado): 2.240 km

**MAKEMAKE**
Tamanho (diâmetro): 1.430 km

**PLUTÃO**
Tamanho (diâmetro): 2.370 km

Procure as figuras na cena ao lado.

# Viagem Espacial

Precisamos de maneiras melhores e mais eficientes de sair da atmosfera terrestre, e também de melhores sistemas de combustível para viagens prolongadas, sem falar da velocidade. Empresas privadas já desenvolveram espaçonaves para levar turistas espaciais para a alta atmosfera e observar a curvatura do planeta Terra.

## Fatos sobre a Viagem Espacial

1. O *Falcon 9* é um foguete reutilizável que pode levar astronautas, cargas e satélites à órbita da Terra.

2. A espaçonave *Dragon 2* foi a primeira nave espacial privada a levar astronautas para a ISS.

3. O *New Shepard* é um veículo de lançamento que leva astronautas e turistas espaciais para o espaço.

NEW SHEPARD

DRAGON 2

FALCON 9

Procure as figuras na cena ao lado.

# A Terra e a Lua

Imagina-se que a Lua tenha se formado há bilhões de anos, depois de uma colisão entre a Terra e outro pequeno planeta. Os detritos orbitaram a Terra, juntando-se eventualmente para criar a Lua. Sua superfície é coberta de crateras causadas pelo impacto de asteroides e cometas, que colidiram com ela ao longo do tempo.

## Fatos sobre a Terra e a Lua

1. A Lua leva 27 dias para dar uma volta completa ao redor da Terra. Ela está presa a uma órbita. Isso quer dizer que, da superfície da Terra, nós só podemos ver um lado da Lua.

2. Quando colide com átomos em nossa atmosfera, perto dos polos Norte e Sul, o vento solar brilha com cores no céu. Isso é chamado de "aurora".

3. O homem estuda as estrelas há milhares de anos. Atualmente, utilizamos telescópios na Terra e no espaço para explorar nosso Sistema Solar e além.

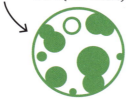

**LUA**
Tamanho (diâmetro): 3.475 km
Temperatura média: 127°C (lado iluminado pelo Sol) – 173°C (lado escuro)

**TERRA**
Tamanho (diâmetro): 12.742 km
Temperatura média: 15°C

Procure as figuras na cena ao lado.

# O Big Bang

Os astrônomos acreditam que o Universo começou há aproximadamente 14 bilhões de anos, quando uma bolha minúscula, quente e densa explodiu subitamente. Ela se estendeu até o tamanho que tem agora e continua se expandindo. As galáxias continuam a se afastar a velocidades de centenas de milhares de quilômetros por segundo!

## Fatos sobre o Big Bang

1. Os astrônomos acreditam que o Universo começou dentro de uma bolha menor que uma cabeça de alfinete!

2. 100 milhões de anos depois do Big Bang, as primeiras estrelas começaram a se formar. Aglomerados dessas estrelas eventualmente se tornaram as primeiras galáxias.

3. O Universo é enorme. Há aproximadamente 125 bilhões de galáxias no Universo. Cada galáxia pode conter entre 1 milhão e 1 bilhão de estrelas!

Sabemos que o Big Bang aconteceu porque os telescópios de micro-ondas podem ver luz cósmica antiga. Após o Big Bang, todo o Universo foi inundado por uma luz brilhante. Essa luz se estendeu até as micro-ondas, e alguns telescópios podem ver esse brilho.

O Universo inclui todas as coisas vivas, planetas, estrelas, galáxias, nuvens de gás e poeira, cometas, asteroides, luz e tempo.

Procure as figuras na cena ao lado.

# Teste Rápido

Agora que você é um especialista do espaço sideral, veja como estão seus conhecimentos com este teste rápido.

1. Qual é o planeta mais quente do Sistema Solar?

2. Quem foi a primeira pessoa a pisar na Lua?

3. O que é a ISS e o que acontece nela?

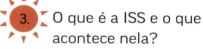

4. Que planeta tem sua superfície assolada por uma enorme tempestade?

5. Qual o outro nome para meteoro?

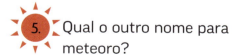